AF264065

ALLOCUTION

Prononcée en l'Eglise de J.-B. de Bourbourg

PAR

Monsieur l'Abbé Albert Duchateau

A L'OCCASION DU MARIAGE

de

Monsieur Maurice Duchateau

et de

Mademoiselle Marie Duriez de Quillacq

LE 2 AVRIL 1888.

ALLOCUTION

Prononcée en l'Eglise de J.-B. de Bourbourg

PAR

Monsieur l'Abbé Albert Duchateau

A L'OCCASION DU MARIAGE

de

Monsieur Maurice Duchateau

et de

Mademoiselle Marie Duriez de Quillacq

LE 2 AVRIL 1888.

Mon cher Frère et ma chère Sœur,

Si c'est toujours une douce consolation pour un prêtre du Seigneur, d'appeler les faveurs d'en haut sur des âmes qui les attendent dans un religieux respect et après une religieuse préparation, ce ministère m'est plus particulièrement agréable aujourd'hui, qu'il s'agit de les faire descendre sur la tête d'un Frère bien-aimé et de celle qui dans un instant sera pour moi aussi une Sœur également honorée et aimée.

Vous avez mûrement réfléchi, je le sais, mon cher Frère et ma chère Sœur, sur l'importance et la sainteté des engagements par lesquels vos deux cœurs et vos deux âmes doivent s'unir pour ne plus faire qu'un seul cœur et qu'une seule âme dans une même vie, et je puis, à la face des Saints Autels où vont se former ces nœuds sacrés et inviolables, dire avec une pleine assurance à tous ceux qui vous entourent d'un si sympathique intérêt : « Réjouissons-nous dans le Seigneur, car cette union est du nombre de celles que Lui-même a résolues et préparées au ciel ».

Toutefois, avant de recevoir vos serments et de les présenter au Bon Dieu, je vous dois, je dois à mon affection autant qu'à mon ministère, de vous remettre sous les yeux la grandeur et les obligations de l'acte que vous allez accomplir.

Le mariage chrétien est une grande chose, mon cher Frère et ma chère Sœur, parce que Dieu en est l'auteur. Il en fit à l'origine des temps la plus sublime des institutions sociales. Ce fut Lui, qui, au Paradis terrestre, unit le premier homme et la première femme, et donna à leur union les caractères d'ûnité, d'indissolubilité et de sainteté, qui sont les conditions nécessaires du vrai mariage ; Il voulut qu'étant deux, ils ne fissent qu'un, et que nul ne pût séparer ce qu'Il unissait, et Il les bénit.

Le mariage chrétien est une grande chose, parce qu'après l'avoir entouré pendant quarante siècles du respect de tous les peuples dignes de ce nom, le Seigneur l'a élevé à la dignité de Sacrement. Il a même voulu que dans nos Livres inspirés, dont toutes les paroles ont une autorité divine, il fût appelé un grand Sacrement.

Le mariage chrétien est une grande chose, à raison des fonctions que les époux sont appelés à exercer et de la place qu'ils occupent dans la hiérarchie humaine. Il y sont les représentants et les instruments de Dieu pour la transmission de cette double vie matérielle et spirituelle qui fait l'homme et le chrétien. Ils ont dans leur famille, sa puissance et son autorité pour la formation morale et pour l'éducation des jeunes âmes qu'Il daigne leur confier : le prêtre seul a un rôle plus sacré ; l'Église seule est plus sainte que le foyer domestique.

Enfin, le mariage chrétien est une grande chose, parce qu'il est comme un reflet de l'union qui fait dans le ciel l'éternel bonheur des personnes divines, et comme une image des noces mystérieuses que Jésus-Christ a contractées ici-bas avec son Église. Les écrits de saint Paul sont remplis de cette doctrine qu'il résume dans cette magnifique sentence : « le mariage est un grand sacrement en Jésus-Christ et en l'Église ».

Reconnaissez donc, époux chrétiens, reconnaissez votre dignité. Par votre alliance au pied des Autels, vous vous élevez jusqu'à Dieu, vous réalisez une institution divine, vous recevez un sacrement divin, vous continuez des fonctions divines, vous représentez en vous-mêmes un mystère divin.

Mais, si votre dignité est grande, grands aussi sont vos devoirs ; car Dieu ne donne jamais de grandes faveurs sans imposer de grandes obligations.

De même que dans le monde de la nature, il y a une loi fondamentale qui manitient tous les êtres dans une perpétuelle harmonie, de même, dans le monde des intelligences et des cœurs, il y a un précepte qui les domine tous, et dans lequel le théologien par excellence du mariage chrétien, saint Paul, a résumé les devoirs des époux ; c'est le précepte de l'amour chrétien : « Aimez-vous l'un l'autre, leur dit-il, d'un amour semblable à l'amour mutuel de Jésus-Christ et de l'Église ».

Aimez-vous d'un amour fidèle et pur. — Ayez le respect, ce n'est pas assez dire, ayez le culte du double trésor d'honneur et de piété que vous mettez aujourd'hui en commun, sous la sauvegarde de Jésus-Christ et de son Église.

Aimez-vous d'un amour généreux et dévoué. — Selon l'ordre établi par Dieu, l'homme est le chef de la famille, mais la femme en est le cœur. Que le chef consacre donc toutes les ressources de son intelligence et de sa force à maintenir et à développer la prospérité surnaturelle de la famille ; que le cœur, à son tour, ne néglige rien pour y maintenir et y développer la joie, l'affection et la paix. Pour cela, les époux doivent s'aimer jusqu'à l'oubli, mieux encore, jusqu'à l'immolation d'eux-mêmes. Il faut qu'il y ait de part et d'autre des trésors inépuisables d'indulgence, de douceur et de bonté ; il faut qu'ils vivent l'un pour l'autre, et que l'un fasse du bonheur ou de la souffrance de l'autre son propre bonheur et sa propre souffrance.

Enfin, aimez-vous d'un amour surnaturel et divin. — Le mariage est avant tout une vocation d'en haut ; on le contracte parce que Dieu y appelle, et Dieu voulant par dessus tout la sanctification des âmes, il en résulte que le mariage chrétien doit être une école de vertu et de perfection ; on y doit travailler à deux à devenir meilleur. Telle est, mon cher Frère et ma chère Sœur, la famille chrétienne dont Tertullien, il y a seize cents ans, traçait en ces termes le délicieux et grave tableau : « Qu'elle est touchante, l'alliance « de ces deux époux, bénis du ciel, n'ayant qu'un même toit, un « même nom, un même cœur, une même vie ; tous deux disciples « de la Religion, pénétrés tous deux d'amour et de respect pour « elle, et trouvant tous deux près d'elle la garantie de leur bon- « heur ! Ils prient, ils se prosternent ensemble ; ils s'instruisent « et s'encouragent l'un l'autre, et se supportent mutuellement. « Ensemble, ils viennent louer Dieu dans son temple, écouter sa « parole, participer au banquet sacré, offrant ainsi au monde « étonné tous les charmes de l'aimble vertu et l'image si suave de « l'ordre divin en toutes choses. Enfin, ils partagent ensemble les « biens et les maux, les consolations et les peines inévitables de « la vie présente. Les peines y sont plus fréquentes que les joies ; « mais qu'importe ? Ils savent porter dignement jusqu'au bout le « poids de leurs devoirs ».

Que ce tableau soit dès aujourd'hui et pour toujours celui de votre famille, il me semble, mon cher Frère et ma chère Sœur, que nous ne pouvons en douter : le passé nous est un sûr garant de l'avenir et nos espérances reposent, après Dieu, sur votre résolution de correspondre aux grâces qu'Il vous a faites.

Soyez fier, vous, mon Frère, de présenter à l'Autel Celle que Dieu vous a destinée dans son ineffable bonté. Elle vous apporte non-seulement la grâce et le charme d'une jeunesse rayonnante d'honneur, mais une instruction religieuse solide, un sens droit, ferme et pratique, et une maturité de raison et de caractère où l'on reconnaît aisément l'influence de plusieurs générations et la tradition constante d'une belle et nombreuse famille, où tous les mérites sont rassemblés et où tous les âges nous offrent les plus beaux exemples. Avec l'aide de son cœur, avec l'appui de son courage, vous augmenterez encore ce riche patrimoine de vertus qui sera le meilleur élément de votre bonheur.

Il ne m'appartient pas, ma chère Sœur, de faire l'éloge de l'époux que le Ciel vous donne. D'autres vous ont dit, et vous-même vous avez déjà apprécié son caractère loyal et son âme généreuse. Tout ce que je puis attester ici, c'est qu'il a toujours été pour la meilleure des mères le fils le plus tendre et le plus respectueux, et qu'avec sa main et son cœur, il veut vous offrir aujourd'hui tout ce qui peut rendre une femme chrétienne saintement fière et vraiment heureuse. En le prenant pour époux, vous donnez à votre excellent père un fils désireux d'être digne de lui et de l'entourer d'affection et dévouement ; un fils justement fier des témoignages publics d'estime et de confiance donnés à son père d'adoption ; un fils heureux enfin de retrouver ainsi l'expérience, les conseils et les exemples de Celui dont nous avons été si prématurément privés et que nous ne cessons de regretter. Tous deux ensemble, mon cher Frère et ma chère Sœur, vous avez désormais deux mères à aimer, à imiter, à réjouir par votre piété filiale : ne sera-ce pas le plus doux de vos devoirs ?

Et maintenant, recevez le Sacrement avec les plus saintes dispositions. Comme Sara et Tobie joignant leurs ferventes prières à celles de l'Archange Raphaël, unissez vos ardentes supplications à celles de vos saints Anges gardiens et aux touchantes invocations que je vais réciter sur vous au nom de l'Église.

Avec ces deux chastes et pieux époux de la Bible redites en ce moment, et souvent dans votre vie : « Nous sommes les enfants des Saints, nous ne pouvons pas vivre comme ceux qui ne connaissent pas Dieu ».

Et après avoir goûté longtemps comme eux ici-bas, la joie sans cesse renaissante qu'apporte au cœur d'un père et d'une mère la précieuse couronne d'une famille nombreuse et vertueuse, puissiez-vous trouver dans le ciel, pour lequel nous sommes uniquement faits, l'éternelle récompense promise aux familles chrétiennes, dans la douce et ravissante compagnie de la Sainte Famille, de Jésus, de Marie et de Joseph, à qui nous confions en cet instant nos vœux et nos souhaits pour vous.

Ainsi soit-il !

69